THÈSE

Pour

LA LICENCE.

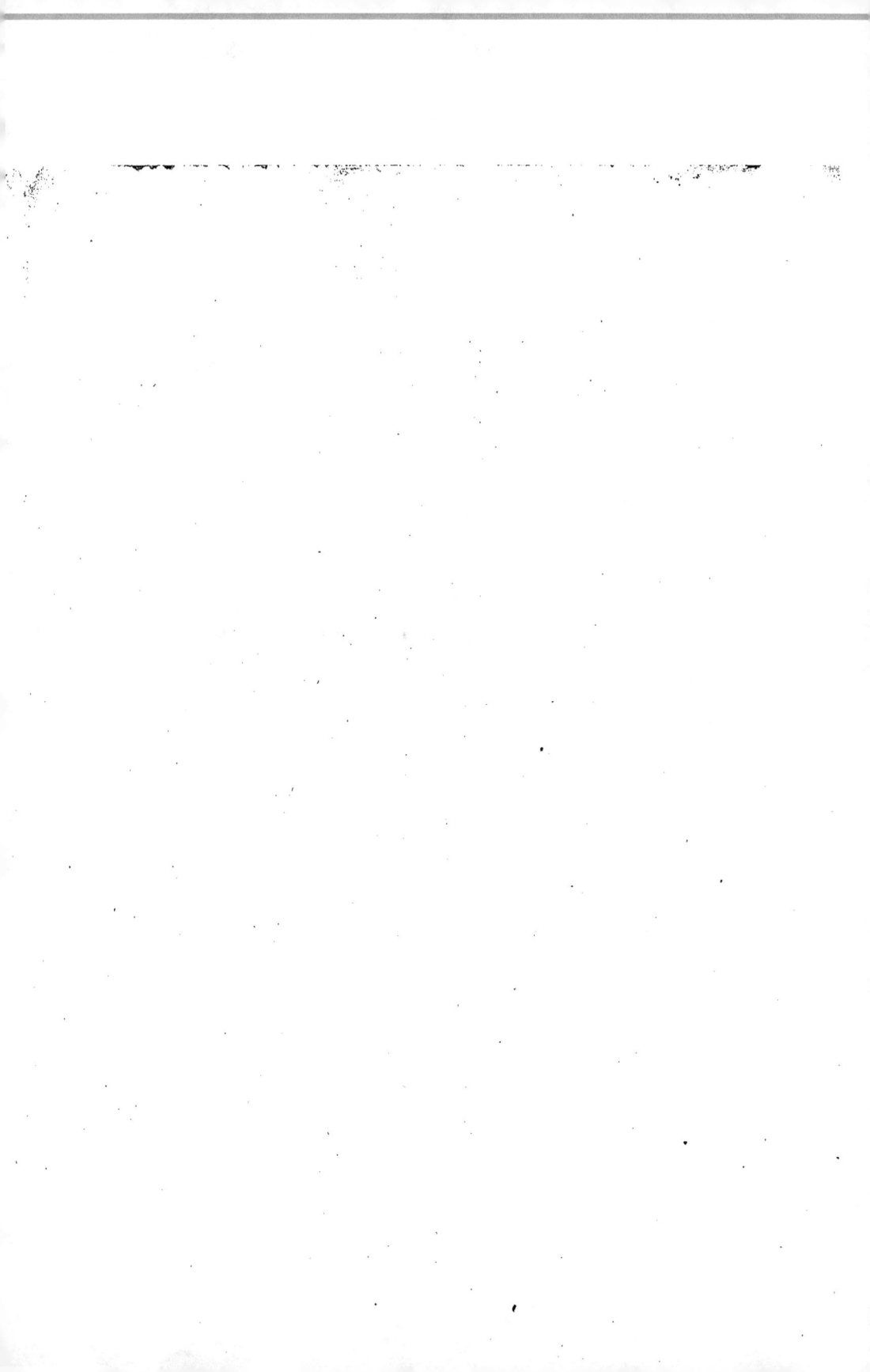

À mon Père, À ma Mère,

HOMMAGE D'UN FILS RESPECTUEUX.

À mon Oncle a ma Tante,

Affection et reconnaissance.

FACULTÉ DE DROIT DE TOULOUSE.

ACTE PUBLIC

POUR LA LICENCE,

En exécution de l'article 4, de la loi du 22 ventôse, an 12.

SOUTENU PAR

M. FABRE, (LOUIS ETIENNE.)

NÉ A GAILLAC, *(Tarn.)*

JUS ROMANUM.

LIB. I. Tit. XXI.

De Auctoritate Tutorum.

Aliàs vidimus tutelam esse vim ac potestatem in capite libero, datam ac permissam jure civili ad tuendum illum qui propter ætatem se defendere nequit.

Sed plures modos habet illa potestas : etenim tutor exercet eam , sive agat per se ipsum et sine pupillo , sive quandò pupillus ipse agit , ut validum reddat auctoritate tutelæ quod agitur.

Si pupillus nondùm septimum duxerit annum nullo modo agere potest, et tunc tutor solus per se ipsum agit. Sed si pupillus plùs quàm septem annos habuerit, etsi jam sit intelligens attamen non habeat animi judicium, non potest agere sine tutoris auctoritate, nisi meliorem sibi reddere conditionem voluerit.

Conditio redditur melior quandó quid sibi dari stipulatur pupillus; deterior verò quandò quid alteri promittit, et in illo casu non aliter agere potest quam tutoris auctoritate.

Undè in his causis ex quibus obligationes mutuæ nascuntur uti, in emptionibus, venditionibus, locationibus, conductionibus, mandatis, depositis, si tutoris auctoritas non intervenit, ipsi quidem qui cùm his contrahunt obligantur: at invicem pupilli non obligantur. Hujus dispositionis ratio facilè intelligetur, si memoremus legem velle tueri pupillum non intelligentem. Attamen qnarè nemo potest locupletior fieri détrimento alterius si pupillus nolit perficere conditiones contractûs, nec alia pars poterit contrahi; verbi gratià, in venditione pupillo rem repetere non permissum erit si rei pretium non antea datum fuerit.

Neque tamen hereditatem adire, neque bonorum possessionem pêtere, neque hereditatem ex fidei commisso suscipere aliter potest pupillus nisi tutoris auctoritate quamvis sibi lucrosa sit, quia non habet animi judicium ut sentiat commoda et hereditatis seu bonorum possessionis, seu fideicommissi incommoda. Tutor autem statim in ipso negotio præsens debet auctor fieri, ut sic subveniat imperfectioni pupilli. Non ergo potest auctoritatem interponere suam sive antè sive post negotium, neque per epistolam, quippé præsentiam suam exigit lex.

Quòd pupillus septem annis natus quosdam actus facere posset, non attamen interdictum erat tutori agere per se ipsum si vellet, nisi agatur de adrogatione, de servorum manumissione, seu heredetatis acceptatione, tunc etenim pupilli præsentia necessaria erat et non poterat agere tutor per se ipsum.

Quia non potest auctor esse in re suà tutor, si inter illum et pupillum agendum sit judicium necesse erat ut aliqua auctoritas succurreret pupillo, ideòque curator illi datur cujus officium est judicium persequi, et eo peracto curator esse desinit.

Loco curatoris olim constituebatur prætorius tutor , sed quòd non posset quibusdam negotiis tutor dari, hæc dispositio introducta fuit.

CODE CIVIL.

LIV. 3. TIT. 3. CHAP.4 *Des diverses espèces d'obligations.*

SECT. 1ᵉ. *Des obligations conditionnelles.*

§ 1ᵉ De la condition en général , et de ses diverses espéces.

L'obligation est le lien qui résulte du contrat et au moyen du quel nous sommes astreints à l'exécuter.

Il y a différentes espéces d'obligations : elles sont ou conditionnelles ou à terme, ou alternatives; ou d'autres fois elles sont, soit solidaires, soit divisibles ou indivisibles, soit avec clause pénale : nous allons nous occupper successivement de chacune de ces espèces d'obligations, et dans l'ordre que nous avons tracé en les énonçant.

La condition est ; tout événement futur et incertain dont on fait dépendre une obligation ou une disposition. La condition imposée à la réalisation de l'obli gation peut ou la susprendre jusqu'à ce que l'événement arrive ou la résilier selon que l'événement arrivera ou n'arrivera pas. Il y a différentes espèces de con-ditions : les unes, qui dépendent du hasard, son dites casuelles ; les autres sont dites potestatives ; se sont celles dont l'exécution dépend d'un événemeut qu'il est au pouvoir de l'une ou l'autre des parties contractantes de faire arriver ou d'empêcher. La condition qui dépend tout à la fois de la volonté d'une des parties , contractantes et de la volonté d'un tiers ; ou bien encore qui dépend du hazard et de la volonté de l'une des parties est dite mixte. Les conditions se divisent encore en négatives ou positives : négatives , lorsqu'elles consistent dans le cas ou l'événement n'arrivera pas ; positives lorsqu'elles consistent dans le cas ou l'événement arrivera. Si la condition était impossible ou contraire aux lois la convention qui en dépend sera nulle de plein droit. Toutefois nous ob-serverons que si la condition impossible était négative l'obligation contractée sous cette condition ne serait pas moins valable. S'il dépend de la volonté de la partie qui s'oblige d'empêcher la condition d'arriver , et par conséquent l'obligation d'exiter, il ne peut y avoir de contrat et conséquament l'obligation est nulle. Les conditions ne doivent pas être accomplies nécessairement dans le sens littéral de la rédaction, mais bien de la manière dont il parait que les parties ont entendu qu'elles fussent accomplies.

L'orsque l'événement dont dépend la condition doit arriver dans un temps fixe la condition est sensée défaillie lorsque le temps est expiré, sans que l'événement soit arrivé; s'il n'y a pas de temps fixé la condition n'est sensée défaillie que lorsqu'il est devenu certain que la condition n'arrivera pas. Si l'obligation est contractée sous la condition qu'un événement n'arrivera pas dans un temps fixé, la condition est réputée accomplie lorsque ce temps est expiré sans que l'événement soit arrivé; elle l'est également si avant le terme il est certain que l'événement n'arrivera pas. Ainsi dans l'espèce, si je m'engage envers quelqu'un sous la condition que mon frère ne se mariera pas la condition serait accomplie au moment de sa mort. Si un débiteur obligé sous une condition en empêchait l'accomplissement, bien qu'il semble qu'il n'y ait pas lieu à obligation, puisque le fait ni l'événement dont dépendait la condition n'existent pas, celle-ci n'en est pas moins reputée accomplie. Il est facile dans ce cas de saisir l'intention de la loi, qui a voulu qu'il ne dépendit pas de la mauvaise foi d'une partie de se libérer d'une obligation. Si la condition est accomplie elle a un effet retroactif au jour auquel l'engagement a été contracté et en effet, puisqu'on doit suivre dans l'interprétation des obligations non pas le sens littéral du contrat mais bien la commune intention des parties, n'est-il pas évident que l'intention de celles-ci était que le contrat existât de suite si elles eussent su que la condition s'accomplirait. Si le créancier venait à mourir avant l'accomplissement de la condition ses droits passeraient de plein droit à ses héritiers, car celui qui contracte est toujours sensé avoir stipulé pour soi comme pour ses héritiers. De ce que la condition ne serait pas encore accomplie et par suite que l'obligation ne serait pas encore valide, le créancier n'a pas moins le droit d'exercer tous les actes conservatoires ; et dans le cas ou on ferait vendre les biens de son débiteur il pourra venir avec les autres créanciers, d'après son rang, sans que néammoins il puisse toucher la somme immédiatement, mais elle lui sera reservée et mise à sa disposition après l'accomplissement de la condition.

§ II. — *De la Condition Suspensive.*

Nous avons dit plus haut que la condition suspendait l'obligation jusqu'à l'événement, ou la résiliait selon que l'événement arrivait ou n'arrivait pas de là deux subdivisions dans l'essence de la condition : elle est ou suspensive ou résolutoire. La condition est suspensive lorsqu'elle dépend d'un événement futur ou incertain, et alors elle ne peut être exécutée qu'après l'événement, il peut arriver que l'événement soit arrivé au moment de l'obligation mais qu'il soit encore inconnu des parties et dans ce cas l'obligation n'a jamais été suspendue, elle a existé dès l'instant de la convention ; si donc, l'objet promis a péri c'est le créancier seul qui en supportera la perte, car il en a été propriétaire du moment du contrat, et quoique l'objet ne lui soit pas livré il ne sera pas moins tenu de donner le prix convenu. Dans le premier cas au contraire la chose qui fait la matière de la convention demeure aux risques et périls du débiteur, car il en reste propriétaire jusqu'à ce que l'événement auquel est subordonnée la convention arrive, si la chose est entièrement périe sans la faute du débiteur l'obligation est éteinte ; si elle s'est détériorée et qu'il n'y ait pas faute du propriétaire, le créancier a le choix ou de résoudre l'obligation ou d'exiger la chose dans l'état ou elle se trouve sans que pour cela il puisse prétendre à une diminution dans le prix stipulé. La raison en est sensible ; car la condition, produisant ses effets a un effet retroactif, et le créancier est regardé propriétaire de la chose du moment de la convention puisqu'il consent que l'obligation existe. Les détériorations survenues depuis sont donc à sa charge. Dans le cas au contraire où la chose se serait détériorée par la faute du débiteur, le créancier a le droit aussi ou de résoudre l'obligation, ou d'exiger la chose dans l'état où elle se trouve, mais il peut demander des dommages et intérêts.

§ III — *De la Condition Résolutoire.*

La condition est résolutoire lorsque son accomplissement opère la révocation de l'obligation et bien qu'elle ait existé, que même elle ait été exécutée le créancier n'a sur les objets livrés que des droits résolubles. Si donc le créancier auquel la chose a été livrée l'avait aliénée ou l'avait affectée d'hypothèques ou charges quelconques elle ne serait pas moins remise au même état que si l'obligation n'avait pas existé, car du moment ou les droits qu'il avait sur la chose sont éteints, tous ceux qu'il a conférés sur cette même chose doivent s'éteindre aussi. Il n'est pas nécessaire dans les contrats synallagmatiques que la condition résolutoire y soit stipulée ; elle existe de droit dans le cas ou l'une des deux parties ne satisferait pas à son engagement, et la résolution doit être demandée en justice parce qu'elle doit être prononcée par les juges. Mais comme il est possible que la partie envers laquelle l'engagement n'a point été exécuté trouve plus utile de forcer le débiteur à remplir ses engagements que de demander la résolution du contrat, même avec dommages et intérêts, ceux-ci ne devant pas compenser intégralement l'utilité ou le bénéfice résultant de son exécution, la loi a laissé au demandeur le choix de forcer l'autre partie à l'exécution de la convention, si toutefois elle est possible ou d'en demander la résolution. Il est laissé à l'appréciation des juges d'accorder un délai au défendeur s'ils le croient convenable.

Section II — *Des Obligations à Terme.*

Le terme est un espace de temps accordé au débiteur pour se libérer. Il est déterminé ou indéterminé selon qu'il est à une époque fixe ou bien à une époque inconnue des parties, et qui dépend d'un événement qui peut arriver plus ou moins tard. Il est exprès ou tacite selon qu'il est exprimé dans la convention ou qu'il en résulte nécessairement; de droit ou de grâce selon qu'il est accordé par la convention ou par le juge contre le gré du créancier.

Le terme diffère de la condition en ce qu'il ne suspend pas l'engagement dont il retarde seulement l'exécution, et on ne peut répéter avant son échéance ce qui fait le sujet de l'obligation, à la différence du cas ou l'obligation est suspendue par une condition, si le débiteur a payé d'avance, il n'est point recevable à le répéter, car dans ce cas il n'a payé que ce qu'il devait réellement.

S'il ne résulte pas de la stipulation ou des circonstances que le terme a été convenu en faveur du créancier, le débiteur aura toujours la faculté de payer avant son échéance et le créancier ne pourra refuser le payement, le terme n'étant accordé au débiteur qu'en raison de la confiance qu'inspire sa solvabilité, si cette solvabilité venait à être détruite ou diminuée, soit par l'état de faillite dans lequel il serait tombé, soit de toute autre manière il ne serait plus admis à en réclamer le bénéfice; car le créancier courrait les risques de ne plus trouver de biens s'il était obligé d'attendre un certain temps pour faire ses diligences concurramment avec ses co-créanciers.

SECTION III.
Des obligations alternatives.

L'obligation alternative est celle qui comprend une ou plusieurs choses, de manière cependant que le débiteur soit libéré par le paiement d'une seule; le choix de l'objet à livrer appartient toujours au débiteur, puisque la loi a voulu que la convention s'interprétât toujours en faveur de celui qui à contracté l'obligation. Il peut arriver cependant que le choix soit accordé au créancier si cette clause a été stipulée. Mais de ce que le débiteur peut se libérer en délivrant l'une des deux choses, il ne s'en suit pas qu'il puisse forcer le créancier à recevoir une partie de l'une et une partie de l'autre.

Bien que l'obligation soit contractée d'une manière alternative, il est certain cas où elle doit être considérée comme pure et simple. Si par exemple, l'une des deux choses promises ne pouvait pas être le sujet d'une obligation, ou que l'une des deux choses vienne à périr, le créancier ne pourrait avoir dans le premier cas que la chose dont pouvait disposer le contractant; dans le second cas, que celle qui reste. Quand bien même la chose aurait péri par la faute du débiteur, celui-ci ne serait toujours tenu que de livrer l'autre, si toutefois le choix lui appartient, car dans ce cas il a pu disposer à volonté de l'un des deux objets; si les deux choses sont péries et que le débiteur soit en faute à l'égard de l'une d'elles, il doit payer le prix de celle qui a péri la dernière, parceque du moment où la première chose a été détruite, celle qui restait a seule été due au créancier. Mais si le choix a été déféré au créancier, le débiteur doit fournir celle qui reste, si dans cette perte il n'y a pas de sa faute; s'il est en faute, le créancier peut demander la chose qui reste ou le prix de celle qui est périe. Si le débiteur est en faute à l'égard des deux, ou même à l'égard de l'une d'elles seulement, le créancier peut demander le prix de l'une ou l'autre, à son choix. Si les deux choses sont péries sans la faute du débiteur et avant qu'il soit en demeure; l'obligation est éteinte.

SETION IV.
Des obligations solidaires.

Une obligation est solidaire lorsque le total de la dette peut être demandé par chaque créancier, ou lorsqu'il peut être exigé de la part de chaque débiteur. Pour que l'obligation soit solidaire entre plusieurs créanciers, il faut que le titre donne expressément a chacun d'eux le droit de demander le paiement du total de la créance, et que le paiement fait à l'un deux libére le débiteur, bien que le bénéfice de l'obligation soit partageable et divisible entre les divers créanciers. Ainsi il faut qu'il y ait convention expresse que chacun des créanciers peut éxiger du débiteur le paiement total de la créance, et de le libérer par sa quittance pour qu'il y ait sûreté pour celui qui a payé; car si cette clause n'existait pas et que le débiteur payat un seul créancier, il ne serait pas libéré à l'égard des autres; celui-là ayant bien le pouvoir de recevoir pour tous, mais n'ayant pas celui de donner décharge, ne pourrait faire la remise que de sa part. Les droits des créanciers étant confondus, et le débiteur étant tenu de la même dette envers chacun d'eux, tout acte qui interrompt la prescription à l'égard de l'un, profite aux autres; et encore que la prescription soit acquise contre une partie des créanciers solidaires, s'il en est un seul contre qui elle n'ait pu courir, celui-ci aura conservé les droits de tous les autres.

Les débiteurs sont solidaires lorsqu'ils sont obligés à une même chose, que chacun deux peut être contraint pour la totalité, et que le paiement fait par un seul, libère les autres envers le créancier, bien qu'ils soient obligés différemment les uns des autres, la solidarité n'en existera pas moins, pourvu qu'ils soient tenus de la même chose, car il est de l'essence de l'obligation solidaire qu'elle soit une, quant à son objet, mais elle peut différer quant à la manière dont les débiteurs en sont tenus. Le créancier a le droit de choisir pour diriger ses poursuites le débiteur dont le mode d'obligation lui offre le plus de garantie ou le plus d'avantage, dans ce cas le débiteur poursuivi pour la totalité de la dette ne peut faire renvoyer le créancier contre les autres débiteurs, chacun pour leur part, puisque d'après notre déffinition, la solidarité donne au créancier le droit d'exiger le paiement total d'un seul des débiteurs, par la même raison le créancier peut s'adresser à chacun des débiteurs pour le paiement, et les poursuivre tous dans le même temps; mais aussitôt que l'un deux a payé tous les autres sont libérés de droit, sauf son recours contre ses co-débiteurs. La solidarité doit être expressément stipulée, et on ne pourra pas être reçu à fournir la preuve que les parties ont entendu qu'elle existât. Il est de cas cependant ou, d'après les dispositions de la loi, elle existe de plein droit; par exemple, la femme tutrice et son mari co-tuteur sont solidairement responsables de la gestion postérieure au mariage, et aussi les héritiers peuvent s'adresser indistinctement à chacun des exécuteurs testamentaires qui ont accepté pour être indemnisés de suite de leur gestion, si elle leur a causé quelque préjudice; et cela quand bien même un seul aurait été chargé d'agir dans les affaires de la succession. Si cependant le testateur avait divisé leurs fonctions ils ne sont pas responsables de la gestion des uns des autres, et les héritiers ne peuvent demander d'indemnité qu'à celui dont la gestion les aura lésés.

Si la chose due vient à périr par la faute ou pendant la demeure de l'un ou de plusieurs des débiteurs solidaires, le créancier peut seulement repeter des dommages et intérêts tant contre les débiteurs, par la faute des quels la chose a péri que contre ceux qui étaient en demeure; mais ceux qui sont innocents de la perte de la chose, bien qu'ils soient exemptés du paiement des dommages et intérêts, ne sont pas moins tenus du paiement de l'obligation première. Toute poursuite faite contre l'un des débiteurs interrompt la prescription à l'égard de tous, car les autres débiteurs ne peuvent prétendre que leur créance est prescrite puisqu'elle est absolument la même que celle dont il a poursuivi le paiement, si une demande d'intérêts a été formée contre l'un des débiteurs solidaires la nouvelle obligation de payer ces intérêts est générale et obligatoire pour tous les débiteurs, à moins que quelques uns d'entreux ne soient débiteurs à terme ou sous condition, et que ce terme ou cette condition ne soient pas encore arrivés ; car alors on ne pourrait les considérer comme étant en demeure et comme devant les intérêts. Dans le cas de poursuite du créancier contre un des co-débiteurs solidaires, celui-ci peut opposer toutes les exceptions qui résultent de la nature de l'obligation, toutes celles qui lui sont personnelles, ainsi que celles qui sont communes à tous les débiteurs, mais il ne pourra user de celles qui sont purement personnelles à quelques uns des autres co-débiteurs. S'il arrivait que l'un des débiteurs devint héritier du créancier, ou que celui-ci héritat du débiteur, la créance solidaire s'éteint seulement pour la part et portion du débiteur, ou du créancier, mais elle subsiste à l'égard des autres pour le restant de la dette.

Il peut arriver qu'un créancier consente à la division de la dette à l'égard d'un des co-débiteurs, tout en conservant son action solidaire contre les autres; dans ce cas ceux-ci seront déchargés de la solidarité à l'égard de la part du débiteur à qui cette remise aura été faite, mais il n'est pas nécessaire que la remise de la solidarité soit expressement stipulée; elle peut être faite tacitement , et alors il faut que le créancier ait reçu divisemment la part du débiteur ; que la quittance exprime que c'est pour la part de celui-ci , car on ne peut être débiteur solidaire si on l'est pour une part ; et enfin que le créancier n'ait pas fait de réserves. Le concours de ces trois circonstances est non seulement éxigé par la loi , mais il faut encore que le débiteur ait acquiescé à cette remise, ou qu'il y ait un jugement pour cet objet , de ce que un créancier aurait reçu divisemment et sans reserve la portion de l'un des co-débiteurs dans les arrérages ou intérêts de la dette , il ne s'en suit pas qu'il perde la solidarité pour les intérêts à échoir , ni pour le capital , il ne la perd que pour les arrèrages ou intérêts échus. Cependant s'il avait reçu ce paiement divisé pendant dix années consécutives et sans aucune interruption , le débiteur serait déchargé de la solidarité pour les arrérages , intérêts échus et à échoir et ponr le capital

Les débiteurs solidaires ne sont tenus entr'eux de la dette que chacun pour leur part et portion ; et celui qui aurait été forcé par le créancier au paiement total , est admis à demander à chaque co-débiteur la part qu'il a payé pour lui ; et s'il arrivait que l'un deux se trouvat insolvable, la perte qui en résulterait serait répartie entre tous les débiteurs solvables et celui qui a fait le paiement ; car il ne serait pas juste que celui qui a acquitté la dette commune supportât seul la perte occasionnée par cette insolvabilité. Dans ce cas les débiteurs précédemment déchargés de la solidarité par le créancier devront concourir au paiement aussi bien que s'ils étaient restés solidaires. Les débiteurs solidaires ne sont pas toujours tenus chacun pour leur part et portion du paiement de la dette si par exemple l'affaire pour laquelle elle a été contractée ne concerne que l'un de co-débiteurs solidaires, celui-ci est tenu de toute la dette vis-à-vis des autres co-débiteurs; mais nous observerons cependant que vis-à-vis du créancier tous sont obligés également.

SECTION V.
Des obligations divisibles et indivisibles.

L'obligation est divisible ou indivisible selon qu'elle a pour objet ou une chose qui dans sa livraison, ou un fait qui dans l'exécution , est ou n'est pas susceptible de division soit matérielle, soit intellectuelle. Et bien que le fait ou la chose qui est l'objet de l'obligation soit divisible par sa nature, si le rapport sous lequel elle est considérée ne la rend pas susceptible d'exécution partielle, elle n'en est pas moins considérée comme indivisible.

L'obligation bien que susceptible de division, ne doit pas moins être exécutée entre le créancier et le débiteur, comme si elle était indivisible ; car ce dernier a promis de payer une certaine somme en totalité et non successivement diverses parties de cette somme, à moins toutefois qu'il ne soit convenu autrement. La divisibilité n'a d'application qu'à l'égard des héritiers et ceux-ci ne peuvent demander la dette ou ne sont tenus de la payer que pour les parts dont ils ont été saisis. Si cependant la dette entière était hypothéquée sur un immeuble tombé dans les mains d'un seul des héritiers, lorsqu'elle est d'un corps certain ; lorsqu'il s'agit de la dette alternative de choses au choix du créancier, le détenteur de l'objet peut être poursuivi pour le tout sur la chose due ou sur le fonds hypothéqué, sauf son recours contre ses co-héritiers. Un seul des héritiers peut être aussi chargé seul de l'exécution de l'obligation ; ou bien il peut résulter soit de la nature de l'engagement, soit de la chose qui en fait l'objet ; soit de la fin qu'on s'est proposée que la dette ne put s'acquitter partiellement et dans ces cas il y a exception au principe de la divisibité.

Chacun de ceux qui ont contracté conjointement une dette indivisible en est tenu pour le total, encore que l'obligation n'ait pas été contractée solidairement. Il ne faut pas aller confondre cependant ces deux sortes d'obligations, bien que dans l'une et dans l'autre chacun des débiteurs soit tenu pour le tout, dans la première ils sont tenus chacun de la totalité à cause de la nature de leur dette, et si elle venait à être convertie en une dette divisible, les débiteurs n'en seraient plus tenus pour le tout ; tandis que dans la seconde ils sont toujours tenus pour le total. Une autre différence, c'est que le débiteur d'une dette indivisible assigné pour payer le tout peut demander un délai pour mettre en cause ses co-débiteurs, à moins toutefois que la dette ne soit de nature à ne pouvoir être acquittée que par lui ; tandis que le débiteur solidaire est tenu de payer de suite et sans aucun délai à la première réquisition du créancier. L'obligation indivisible continue ses effets à l'égard des héritiers de celui qui a contracté une pareille obligation, et chacun d'eux sera tenu de la totalité de la dette vis-à-vis du créancier. C'est encore une différence avec l'obligation solidaire, qui se divise entre les co-héritiers. Chacun des héritiers du créancier peut exiger en totalité l'exécution de l'obligation indivisible, mais il ne peut seul en faire la remise, comme il ne peut pas non

plus recevoir seul le prix au lieu de la chose ; dans ce dernier cas en effet l'obligation , étant d'une somme d'argent , ne serait plus indivisible et par conséquent il n'aurait droit qu'à sa part. Si l'un des héritiers avait seul remis la dette ou reçu le prix de la chose , le débiteur ne serait pas tenu malgré cela de la totalité de cette dette vis-à-vis des autres co-héritiers , et ceux-ci devront lui tenir compte de la portion du co-héritier qui a fait la remise ou qui a reçu le prix.

SECTION VI. — *Des Obligations avec Clause Pénale.*

La clause pénale est celle par laquelle une personne pour assurer l'exécution d'une convention s'engage à quelque chose en cas d'inexécution. Elle n'est qu'un accessoire de l'obligation principale et conséquemment s'éteint avec elle tandis qu'au contraire l'obligation principale peut subsister sans l'accessoire. Mais de ce qu'on aura stipulé dans une obligation une clause pénale, il ne s'en suivra pas que le débiteur en demeure soit délié de cette obligation en satisfaisant à cette clause, le créancier sera admis à poursuivre l'exécution de l'obligation principale, mais dans aucun cas il ne pourra demander en même temps le principal et la peine à moins qu'elle n'ait été stipulée pour le simple retard. La clause pénale est la compensation des dommages et intérêts que le créancier souffre de l'inexécution principale, et l'avantage qu'il en retire, c'est que ces dommages et intérêts lui sont acquis de droit, tandis que s'ils n'étaient pas stipulés au moyen de cette clause, il serait obligé pour les obtenir de soutenir une contestation devant les tribunaux. Soit que l'obligation primitive contienne , soit qu'elle ne contienne pas un terme dans lequel elle doive être accomplie la peine n'est encourue que lorsque celui qui s'est obligé soit à livrer, soit à prendre, soit à faire est en demeure , car tant que le créancier ne réclame pas l'exécution de la convention, c'est qu'apparemment cette inexécution ne lui cause aucun préjudice et dès-lors aucun dommages et intérêts ne lui sont dus. Si cependant il a été stipulé que la clause pénale serait exécutoire par la seule echéance du terme, les dommages et intérêts seraient dus à cette époque. Il est laissé à l'arbitrage du juge de modifier ou de diminuer la peine si l'obligation principale a été exécutée en partie. Si la peine est encourue par la contravention d'un seul des héritiers du débiteur, et qu'elle soit indivisible, elle peut être demandée en totalité contre cet héritier et contre chacun des autres co-héritiers, mais seulement pour leur part et portion sauf le recours contre celui qui a fait encourir la peine; et si la peine stipulée était hypothéquée à un immeuble appartenant à un débiteur, autre que celui qui à commis la contravention, ce débiteur pourrait être poursuivi pour le paiement total de la peine, son recours toutefois lui étant conservé contre celui qui a contrevenu à l'obligation. Dans le cas au contraire ou la dette est divisible le créancier ne pourra poursuivre l'exécution de la peine que contre celui qui a contrevenu à l'obligation et pour la part seulement dont il était tenu, sans qu'il puisse intenter aucune action contre ceux qui l'ont exécutée si cependant l'intention qui a fait introduire la clause pénale, à été que le paiement ne put se faire partiellement, et qu'un seul des héritiers ait empêché l'exécution de l'obligation entière, bien qu'elle soit divisible les autres co-héritiers pourront être poursuivis, mais pour leur portion seulement et sauf leur recours contre le co-héritier contrevenant.

CODE DE PROCÉDURE.

LIV. 2 TIT. 7.

Des Jugements.

Le jugement est l'opinion émise par le juge que la loi statue de telle manière sur la cause qui lui est soumise.

Des Délais à accorder par le Juge.

La loi a donné aux tribunaux le pouvoir d'accorder des délais pour l'exécution de leurs jugements. Mais comme il eut pu arriver que ce pouvoir donnât naissance à l'arbitraire, ou qu'il portât atteinte à la force qu'elle a donnée aux conventions formées selon ses prescriptions, elle a voulu que ces délais fussent modérés et que les motifs sur lesquels ils réposent fussent énoncés dans le dispositif du jugement. Et comme le juge est irrévocablement désaisi de l'affaire, une fois la contestation jugée, il aura dû les accorder par le jugement même qui aura statué sur la contestation. Si la partie à laquelle le délai a été accordé était présente au moment du prononcé du jugement, il courra du jour même de ce jugement; mais si elle n'était pas présente à ce moment et qu'elle ait été condamnée par défaut, le délai ne courra que du jour de la signification. Si les biens du débiteur sont vendus à la requête d'autres créanciers, s'il est en état de faillite, de contumace, ou s'il est constitué prisonnier, si enfin par son fait il a diminué les sûretés qu'il a données par le contrat à son créancier, il ne pourra obtenir de délai, ni jouir de celui qui lui aura été accordé. En effet ce serait frustrer le créancier en connaissance de cause, si on imposait un délai à ses poursuites, dans le cas ou les biens de son débiteur viendraient à être vendus, ou si celui-ci était tombé en état de faillite ; car alors le créancier ne pourrait se colloquer en temps et lieu utiles pour prendre les sûretés convenables. Nonobstant les délais accordés le créancier n'est pas moins admis à faire les actes qui assurent le paiement de sa créance, sans que toutefois ils changent la position du débiteur ou qu'ils le dépouillent de la jouissance de sa chose, ainsi il pourra prendre une inscription hypothécaire, puisque cette inscription ne peut préjudicier en rien aux droits du débiteur.

De la contrainte par corps.

La contrainte par corps est un mode d'exécution qui donne aux créanciers le droit de faire mettre le débiteur sous la garde de la justice jusqu'à ce qu'il ait acquitté son obligation.

La loi a déterminé les cas dans lesquels elle doit être prononcée mais nous n'avons pas à nous en occupper ici.

Elle laisse à la prudence des juges de prononcer la contrainte par corps dans certains cas. 1.° Pour dommages et intérêts en matière civile, au dessus de la somme de trois cents francs; mais de ce que la somme pour laquelle les dommages et intérêts sont adjugés, excède trois cents francs, il ne s'en suit pas qu'elle doive être prononcée nécessairement, mais seulement si la cause pour laquelle ils sont accordés paraît condamnable. 2.° Pour reliquats de comptes de tutelle, curatelle, d'administration de corps et communauté, établissements publics, et de toute administration confiée par justice, et pour toutes restitutions à faire par suite desdits comptes. Le législateur en accordant aux juges la faculté de prononcer la contrainte par corps dans ces cas a vraisemblablement voulu offrir une garantie contre la gestion frauduleuse des personnes énoncées ci-dessus. Mais il est bien entendu qu'elle ne peut être prononcée que pour reliquats de compte de tutelle, curatelle, etc., excédant la somme de trois cents francs.

De l'Inexécution Provisoire des Jugements.

Dans tous les cas que nous venons d'énoncer les juges ont la faculté d'ordonner qu'il sera sursis à l'exécution de la contrainte par corps pendant le temps qu'ils fixeront, car il est bien, naturel, puisqu'il leur est libre de ne pas prononcer la contrainte, qu'ils puissent à plus forte raison, accorder un sursis. Il ne pourra être accordé que par le jugement qui statura sur la contestation, et les motifs en seront énoncés, le délai fixé une fois écoulé la contrainte sera exercée de droit sans qu'il soit besoin d'un nouveau jugement.

CODE DE COMMERCE.

LIVRE III.
Des faillites et des banqueroutes.
Tit. I. Art. 437 à 450.

La faillite est l'état d'un commerçant qui par suite du derrangement de ses affaires a cessé ses paiemens..

Tout commerçant qui cesse ses paiemens est en état de faillite; mais s'il arrivait qu'il eût seulement suspendu ses paiemens, il ne tomberait pas *nécessairement* dans cet état; mais c'est aux tribunaux à le décider; et quelle que soit la cause de cette suspension, lors même que cette cause serait étrangère à son commerce, il pourrait y être constitué. Lorsqu'un commerçant est mort en état de cessation de paiement, la faillite peut être déclarée après son décès, mais elle ne pourra l'être, soit d'office, soit demandée par les créanciers, que dans l'année qui suivra le décès et sans qu'après ce délai on puisse être admis à la demander.

CHAPITRE I.
De la déclaration de faillite et de ses effets.

Tout failli est tenu, dans les trois jours de la cessation de paiemens, d'en faire la déclaration au greffe du tribunal de commerce de son domicile, le jour où il aura cessé ses paiemens sera compris dans les trois jours; faute par lui de le faire ses créanciers ont le droit de poursuivre la déclaration de faillite par le tribunal. En cas de faillite d'une société en nom collectif, la déclaration de faillite contiendra le nom et l'indication du domicile des associés; car il faut bien qu'on le connaisse puisque la loi exige que les scellés soient apposés, non seulement dans le principal siège de la société, mais encore dans le domicile séparé de chaque associé. Ces mêmes indications sont également nécessaires dans les sociétés en commandite, à l'égard des associés solidaires, la société étant collective à leur égard. C'est au

greffe du tribunal dans le ressort duquel se trouve le siège du principal établis-
sement de la société que la déclaration doit être faite. La déclaration du failli
doit être accompagnée du bilan, ou contenir l'indication qui empêcherait le
failli de le déposer. Le bilan devra contenir l'énumération et l'évaluation de
tous les effets mobiliers et immobiliers du débiteur ; l'état des dettes actives et
passives, le tableau du passif devant énoncer le nom de chaque créancier, la
somme qui lui est due et la valeur de sa créance ; le tableau des profits et per-
tes, et le tableau des dépenses ; le bilan devra être certifié véritable, daté et
signé par le débiteur, s'il ne savait signer, la mention équivaudrait à l'accomplissement de la formalité. La faillite doit être déclarée par jugement du tribunal de commerce rendu, soit sur la déclaration du failli, soit à la requête d'un
ou de plusieurs créanciers, soit d'office, et le jugement sera exécuté provisoi-
rement. L'époque de la cessation de paiement sera fixée par le jugement primi-
tif ou par jugement ultérieur rendu sur le rapport du juge-commissaire, soit
sur la poursuite de toute partie intéressée, soit par le tribunal. A défaut de dé-
termination spéciale, la cessation de paiement sera réputée avoir eu lieu à partir
du jugement déclaratif de la faillite. Ces jugemens devront être affichés et insérés
par extrait dans les journaux, tant du lieu où la faillite aura été déclarée que de
tous les lieux où le failli aura des établissemens commerciaux. Le failli, à comp-
ter du jugement déclaratif de la faillite, est dessaisi de plein droit de l'administration de tous ses biens, même de ceux qui peuvent lui échoir tant qu'il est en
état de faillite. Ce dessaisissement a pour objet d'assurer aux créanciers leurs
gages et d'empêcher qu'il ne puisse en détourner une partie au détriment de
ceux-ci. A partir de ce jugement toute action mobilière ou immobilière ne peut
être suivie ou intentée que contre les syndics. Le tribunal, lorsqu'il le jugera
convenable, pourra recevoir le failli partie intervenante. Le jugement déclaratif
de faillite rend exigibles à l'égard du failli, les dettes passives non échues. En
cas de faillite du souscripteur d'un billet à ordre de l'accepteur d'une lettre de
change ou du tireur à défaut d'acceptation, les autre obligés seront tenus de
donner caution pour le paiement à l'échéance, s'ils n'aiement mieux payer
immédiatement.

Le jugement déclaratif de faillite, arrête à l'égard de la masse seulement, le
cours des intérêts de toute créance non garantie par un privilége, par un nantis-

sement ou par une hypothèque, et les intérêts de celle-ci ne peuvent être récla-
més que sur les sommes provenant des biens affectés aux priviléges, à l'hypothèque ou au nantissement. Tous actes translatifs de propriété mobilière ou immobilière faits par le failli à titre gratuit depuis l'époque déterminée par le tribunal
comme étant celle de la cessation de ses paiement, ou dans les dix jours qui
auront précédé cette époque seront nuls et sans effet. Il en est de même de tous
paiemens soit en espèce, soit par transport, vente, compensation ou autrement,
pour dettes non échues, de tous paiemens faits autrement qu'en espèces ou effets
de commerce. Toute hypothèque conventionnelle ou judiciaire et tous droits
d'antichrèse ou de nantissement constitués sur les biens du débiteur pour dettes
antérieurement contractées ne seront point admis. Tous autres paiemens faits
par le débiteur pour dettes échues, et tous autres actes a titre onereux par lui
passés après la cessation de ses paiemens et avant le jugement déclaratif de la
faillite pourront être annullés si, de la part de ceux qui ont reçu du débiteur
ou qui ont traité avec lui, ils ont eu lieu avec connaissance de la cessation de
ses paiemens. Les droits d'hypothèque et de privilége préalablement acquis,
pourront être inscrits jusqu'au jour du jugement déclaratif de la faillite. Néan-
moins les inscriptions prises après l'époque de la cassation de paiemens, ou
dans les dix jours qui précèdent, pourront être déclarées nulles, s'il s'est écoulé
plus de quinze jours entre la date de l'acte constitutif de l'hypothèque ou du
privilége et celle de l'inscription. Ce délai sera augmenté d'un jour à raison de
cinq myriamètres de distance entre le lieu où le droit d'hypothèque aura été acquis et lieu où l'inscription sera prise. Dans le cas ou des lettres de change
auraient été payées après l'époque fixée, comme étant celle de la cessation de
paiemens et avant le jugement déclaratif de faillites, l'action en rapport
ne pourra être intentée que contre celui pour compte duquel la lettre de
change aura été fournie. L'action ne pourra être exercée que contre le premier
endosseur, s'il s'agit d'un billet à ordre. Dans l'un et dans l'autre cas, on devra
prouver que celui à qui on demande le rapport avait connaissance de la cessation de paiemens a l'époque de l'émission du titre.

Toutes voies d'exécution pour parvenir au paiement des loyers sur effets mobiliers servant a l'exploitation du commerce du failli seront suspendus pendant
trente jours à partir du jugement déclaratif de faillite, sans préjudice de toutes

mesures conservatoires et du droit qui serait acquis au propriétaire de reprendre possession des lieux loués. Dans ce cas la suspension des voies d'exécution établie au présent article cessera de plein droit.

Cet acte sera soutenu publiquement le 10 août 1838, dans une des salles de la faculté.

Vu par le président de la Thèse,

F. MALPEL.

TOULOUSE, IMPRIMERIE ET LITH. DE J.-E. LAGARRIGUE, RUE DU TAUR ; N° 46.

www.ingramcontent.com/pod-product-compliance
Lightning Source LLC
Chambersburg PA